ME GUSTA TENER MI HABITACIÓN LIMPIA
I LOVE TO KEEP MY ROOM CLEAN

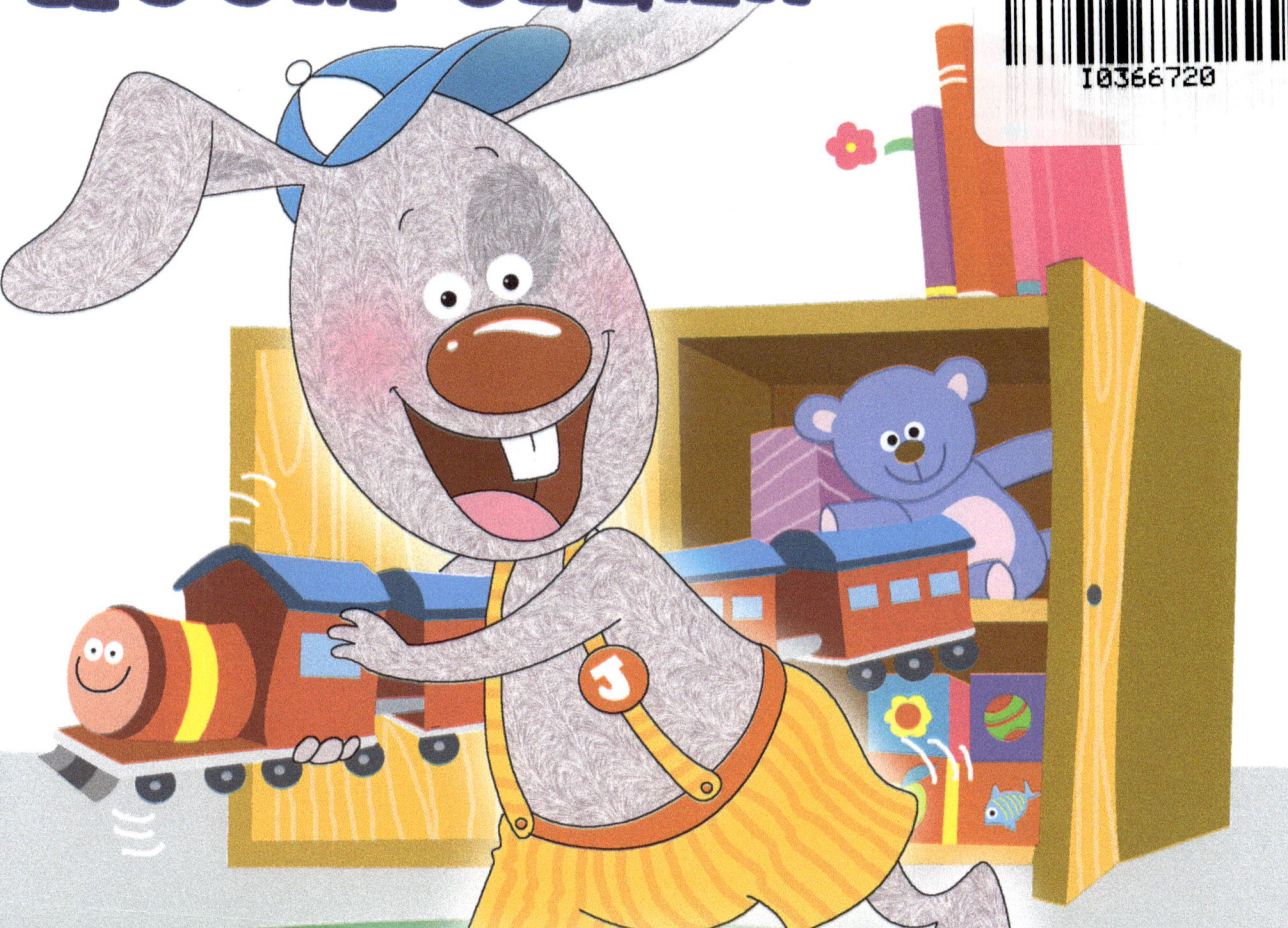

Shelley Admont

Ilustrado por Sonal Goyal y Sumit Sakhuja

www.kidkiddos.com
Copyright©2014 by S.A.Publishing ©2017 by KidKiddos Books Ltd.
support@kidkiddos.com

All rights reserved. No part of this book may be reproduced in any form or by any electronic or mechanical means, including information storage and retrieval systems, without written permission from the publisher or author, except in the case of a reviewer, who may quote brief passages embodied in critical articles or in a review.

Todos los derechos reservados. Ninguna parte de este libro se puede utilizar o reproducir de cualquier forma sin el permiso escrito y firmado de la autora, excepto en el caso de citas breves incluidas en reseñas o artículos críticos.
Second edition, 2019

Traducción al inglés de A. S. Belyaev

Library and Archives Canada Cataloguing in Publication
I Love to Keep My Room Clean (Spanish English Bilingual Edition) / Shelley Admont
ISBN: 978-1-5259-1712-7 paperback
ISBN: 978-1-77268-593-0 hardcover
ISBN: 978-1-77268-235-9 eBook

Please note that the Spanish and English versions of the story have been written to be as close as possible. However, in some cases they differ in order to accommodate nuances and fluidity of each language.

Para aquellos a los que más quiero – S.A.
For those I love the most–S.A.

Era una mañana soleada de domingo en un bosque lejano. Tres hermanos conejos acababan de despertarse cuando su madre entró en la habitación.

It was a sunny Saturday morning in a faraway forest. Three bunny brothers had just woken up when their Mom entered the room.

—*¡Buenos días, chicos!* —*dijo la madre*—. *Os he oído moveros por aquí.*

"Good morning, boys," Mom said. "I heard you moving around in here."

—*Mami, pero no tenemos por qué levantarnos* —*dijo el hermano mayor*. —*Hoy es domingo, podemos dormir todo lo que queramos.*

"Mom, today is Saturday, we can sleep as late as we want," said the oldest brother with a smile.

—Podéis quedaros en la cama un rato más, —dijo mamá tras calmarse— pero yo tengo que salir. Necesito visitar a vuestra abuelita hoy y tendréis que quedaros con vuestro padre hasta que yo vuelva.

"You can stay in your beds for a while," Mom said, "but I'll have to leave. I need to visit your Granny today. You'll stay with Daddy until I come back."

—Cuando os levantéis de la cama, cepillaros los dientes y tomad el desayuno —explicó la madre.

"When you get out of your beds and brush your teeth, you'll have your breakfast," Mom added.

—Tras eso, podéis leer algún libro o jugar con vuestros juguetes —dijo la madre—. Sí, podéis salir a jugar al baloncesto o con las bicicletas.

"After that, you can read books or play with your toys," Mom continued. "Or, you can go outside and ride your bicycles."

—¡Qué bien! Los hermanos conejos comenzaron a saltar en las camas mostrando su felicidad.

"Hooray!" The bunny brothers started to jump on their beds happily.

—Pero... -continuó mamá- os hago responsables de limpiar vuestra habitación.

"But..." said Mom, "you are responsible for cleaning your room."

—Cuando yo vuelva, quiero ver esta casa limpia y ordenada, tal y como está ahora. ¿Podréis hacerlo?

"When I come back, I want to see this house clean and organized, exactly as it is now. Can you do this?"

—¡Claro mamá! —respondió el hermano mayor orgullosamente. Ahora somos mayores y podemos ser responsables.

"Sure, Mom," answered the oldest brother proudly. "We are big enough and we can be responsible."

Después de lavarse los dientes, papá les sirvió un delicioso desayuno y luego un postre aún más delicioso. ¡Y comenzó la diversión!

After they brushed their teeth, Dad served a delicious breakfast and an even more delicious dessert. Then the fun began!

Los conejitos comenzaron a jugar con un rompecabezas. Continuaron con los bloques de madera para la construcción y luego jugaron juntos a construir la vía del tren antes de ponerlo en marcha.

The bunnies started by putting together their puzzle. Then they continued to their wooden building blocks. Next they played together with the rail trail before turning on the train.

—*Esta vía del tren es mi favorita —dijo Jimmy mientras encendía el botón—. El tren hizo vibrar la vía al moverse.*

"This railway train is my favorite," said Jimmy as he flipped the on switch. The train shook the track as it moved.

—*Es el mejor regalo que recibí en mi último cumpleaños.*

"This is the best present I've got on my last birthday."

Después de jugar durante horas dentro de la casa, los conejitos estaban aburridos.

After playing inside for hours, the bunnies grew bored.

—¡Vamos a jugar fuera! —dijo el hermano mediano mirando por la ventana.

"Let's go play outside!" said the middle brother, looking out the window.

—¡Sí!, pero necesitamos limpiar esto antes —dijo el hermano mayor.

"Yeah! But we need to clean up here first," said the older brother.

—¡Bah!, tenemos mucho tiempo antes de que mami regrese —respondió Jimmy—. Ya limpiaremos después. Los hermanos mayores estuvieron de acuerdo y salieron a jugar.

"Oh, we have enough time before Mom comes back," answered Jimmy, "we can clean up later." The older brothers agreed and they all went out.

Fuera de la casa, los tres hermanos conejitos disfrutaron de un tiempo soleado. Finalmente, decidieron jugar al baloncesto.

Outside, three bunny brothers enjoyed the sunny weather. Finally they decided to play basketball.

—Necesitaremos la pelota de baloncesto -dijo el hermano mayor—. Pero no recuerdo dónde la hemos puesto.

"We'll need our basketball," said older brother. "But I don't remember where we put it."

—Creo que está debajo de mi cama -agregó Jimmy—. Voy a buscarla —dijo Jimmy mientras corría hacia la casa, esperando encontrar la pelota.

"I think it's under my bed," added Jimmy. "I'll go check." With that, he ran inside the house, hoping to find the ball.

Cuando abrió la puerta de su habitación se sorprendió. El suelo estaba cubierto de piezas de rompecabezas, bloques de construcción, coches, vías de tren y otros juguetes.

When he opened the door to their room he was very surprised. The floor was covered with puzzle pieces, building blocks, cars and other toys.

—¿Quién ha hecho este desorden? — dijo y comenzó a caminar con mucho cuidado, tratando de no pisar nada.

"Who made all this mess?" he exclaimed as he walked forward carefully, trying not to step on anything.

De pronto, se balanceó y perdió el equilibrio. Intentó mantenerse en pie pero no pudo y cayó directamente sobre su tren favorito.

Eventually, he stumbled and lost his balance. He was trying to stay upright, but instead fell directly on his favorite train.

—¡Ay! —gritó mientras veía las ruedas del tren volando en diferentes direcciones—. ¡Noooooo, mi tren! Jimmy comenzó a llorar. ¡Mi tren favorito!

"Ouch!" he screamed, watching the train's wheels flying in different directions. "Noooo, my favorite train!" Jimmy burst into tears.

—¿Estás bien cariño? —papá apareció en la puerta—.

"Are you alright, honey?" Dad appeared in the door.

—Estoy bien, pero mi tren…, —lloró Jimmy, señalando hacia las ruedas rotas del tren.

"I'm OK. But my train…" cried Jimmy, pointing to the train's broken wheels.

—No puedo ver el tren —dijo papá—. ¿Y qué ha pasado exactamente en esta habitación?

"I can't even see the train," said Dad. "And what exactly happened in this room?"

—Jimmy, ¿por qué tardas tanto? —se escucharon las voces de los dos hermanos corriendo hacia la casa.

"Jimmy, why's it taking you so long?" asked the other brothers as they ran into the house.

—¡Mi tren se ha roto! —Jimmy no paraba de llorar.

"My train broke!" Jimmy couldn't stop crying.

—No llores Jimmy —le dijo el hermano mayor—. Ya pensaremos en algo, ¿papá?

"Don't cry, Jimmy," said the oldest brother. "We'll think of something. Dad?"

—Puedo echarle un vistazo. Quizás pueda pegarlo —dijo papá—. Pero necesitáis limpiar todo esto. Traed el tren y las ruedas cuando las encontréis. Y con esas palabras papá salió de la habitación.

"I'll check if I can fix it," answered Dad. "But you need to clean up in here. Bring me the train and the wheels after you find them," he said leaving the room.

—*Necesitamos darnos prisa, antes de que mamá vuelva* —*dijo el hermano mayor*—.

"We need to hurry, before Mom comes back," said the oldest brother.

—*¡Ay!, arreglar es aburrido* —*dijo Jimmy.*

"Oh, cleaning up is boring," said Jimmy.

—*¡Vamos a jugar al juego de ordenar!* —*exclamó el hermano mayor*—.

"Let's play a cleaning-up game then," exclaimed his older brother.

Jimmy se alegró de escuchar esas palabras.
—*¡La tormenta se acerca!* —*gritó*—. *Necesitamos ayudar a todos los juguetes a volver a sus casas.*

Jimmy became excited. "The storm is coming soon!" he shouted. "We need to help all the toys get back to their houses."

—¡Somos superhéroes! —gritó el hermano mediano, mientras recogían los juguetes del suelo y los colocaban cada uno en su sitio—.

"We're superheroes," yelled the middle brother. He picked up toys from the floor and put each one in its proper place.

Los hermanos ordenaron y limpiaron todo, mientras jugaban y disfrutaban con el juego.

Playing and enjoying, the brothers organized and cleaned everything.

—¡Todas las ruedas están aquí! —dijo Jimmy, corriendo hacia su padre con el tren roto y las ruedas en sus manos.

"All wheels are here," exclaimed Jimmy, running to his father with the broken train in his hands.

—¡Encontré la pelota de baloncesto! —gritó el hermano mediano con alegría.

"Here, I found the basketball!" screamed the middle brother with excitement.

—Ponla en su caja y….habremos terminado —dijo el hermano mayor lleno de felicidad—.

"Put it in its box and…we are finished," said the oldest brother happily.

—¡Fue realmente divertido! —exclamó el hermano mediano sentándose en su cama—. ¡Pero nos llevó toda una hora! Había mucho desorden.

"It was really fun," said the middle brother, sitting down on his bed, "but it took us a whole hour. It was too much mess."

—¡No! —gritó Jimmy entrando en la habitación—. ¡No te sientes ahí!
—¿Qué?, ¿por qué? —preguntó su hermano mediano, saltando de la cama.

"No!" yelled Jimmy as he entered the room. "Don't sit there!"
"What? Why?!" asked the middle brother, jumping off the bed.

—Porque la acabas de hacer. Si te sientas ahí ahora, tendrás que hacerla de nuevo —explicó Jimmy.

"You just made your bed. If you sit on it now, you'd have to make it again," explained Jimmy.

—Quizás os gustaría leer un libro ahora —dijo el hermano mayor, acercándose a la librería.

"Maybe we could read a book now," suggested the older brother, approaching the bookshelf.

—No toques esos libros —gritó Jimmy—. ¡Los he ordenado por colores!

"Don't touch those books," shouted Jimmy. "I organized them all by color!"

—¡Perdón! —dijo el hermano mayor—. Pero entonces, ¿qué hacemos? No podemos jugar con nada.

"Sorry," said the oldest brother. "But what will we do? We can't play with anything."

Pensaron durante un minuto y, entonces, el hermano mayor gritó:
—¡Tengo una idea!

They thought for a while and then the oldest brother shouted: "I have an idea!"

—¡Qué tal si limpiamos después de cada juego? —sugirió—. Así no tardaríamos tanto tiempo en poner los juguetes en su sitio.

"What if we clean up after each game?" he suggested. "Then it won't take so much time to put toys away."

—Probemos —dijo Jimmy muy contento.

"Let's try," said Jimmy happily.

Primero, el hermano mayor leyó a sus dos hermanos pequeños un maravilloso libro con imágenes animadas. Cuando terminaron de leerlo, lo colocaron de nuevo en la librería.

First, the oldest brother read a beautiful book with pop-up pictures to his younger brothers. When they finished reading, he put it back on the shelf.

Luego, construyeron una gran torre con sus bloques de colores. Cuando terminaron, pusieron los bloques en su caja, y... ¡la habitación seguía limpia!

Next, they built a large tower out of their colorful blocks. When they were done, they put the blocks back into the box — and the room stayed clean!

En ese momento, mamá y papá llamaron a la puerta.
At that moment, Mom and Dad knocked on the door.

—¡Os he echado mucho de menos! —dijo mamá—. Pero veo que os habéis organizado para mantener la habitación limpia. Estoy muy orgullosa de vosotros.
"I missed you so much," said Mom, "but I see you managed to keep your room clean. I'm so proud of you."

—¡Y aquí está tu tren, Jimmy! —dijo papá dándole el juguete—. Las ruedas estaban pegadas y Jimmy sonrió.
"And here's your train, Jimmy," said Dad, handing him the toy. The wheels were fixed and Jimmy smiled widely.

—¿Quién quiere probar las galletas que la abuelita ha hecho para vosotros? —preguntó mamá.
"Who wants to try cookies that Granny made for you?" asked Mom.

—¡Yo! —gritaron los hermanos y también papá.
"Me!" shouted the bunny brothers and their Dad.

—Pero vamos a comerlas en la cocina, no en esta habitación limpia —dijo Jimmy muy serio—. ¿Verdad mamá?
"But we'll eat them in the kitchen, not in this clean room," said Jimmy very seriously. "Right, Mom?"

La familia entera comenzó a reír a carcajadas. Después, se dirigieron a la cocina a comer las galletas.

The whole family started laughing loudly and went to the kitchen to eat cookies.

Desde ese día, a los hermanos les gusta mantener su habitación limpia y ordenada. Juegan con todos sus juguetes pero cuando terminan, colocan todo de nuevo en su sitio.

Since that day, the brothers loved to keep their room clean and organized. They played with all their toys but when they finished, they put everything back in its place.

Y nunca tardan mucho tiempo en volver a dejar limpia su habitación.

It never took them long to clean up their room again.

www.ingramcontent.com/pod-product-compliance
Lightning Source LLC
Chambersburg PA
CBHW061139070526
44584CB00033B/4368